Idiomimi entdeckt Taiwan

Dreisprachige Ausgabe:
Englisch / Deutsch /
Chinesisch mit Pinyin

MANFRED SABLOTNY

Bibliografische Information der Deutschen Nationalbibliothek: Die Deutsche Nationalbibliothek verzeichnet diese Publikation in der Deutschen Nationalbibliografie; detaillierte bibliografische Daten sind im Internet über dnb.dnb.de abrufbar.

Verlag: BoD · Books on Demand GmbH, In de Tarpen 42, 22848 Norderstedt, bod@bod.de

Druck: Libri Plureos GmbH, Friedensallee 273, 22763 Hamburg

ISBN-13: 978-3-8370-0994-1

CONTENTS
INHALT
mù lù
目錄

A BIG JOURNEY (MONDAY)

EINE GROßE REISE (MONTAG)

yī cì dà lǚ xíng xīng qí yī

一次大旅行（星期一）

Idiomimi is a small gray cat with shiny green eyes.

Idiomimi ist eine kleine graue Katze mit glänzenden grünen Augen.

chéng yǔ mī mī shì yì zhī yǒng yǒu liàng lì lù yǎn jīng de xiǎo huī māo

成語咪咪是一隻擁有亮麗綠眼睛的小灰貓。

Monday / Montag / 星期一

Together with her can openers (that's what cats sometimes call the people they live with who feed them), she lives happily in a cozy house in Berlin, the capital of Germany.

Sie lebt glücklich mit ihren Dosenöffnern (so nennen Katzen manchmal die Menschen, bei denen sie leben und die ihnen Futter geben) in einem gemütlichen Haus in Berlin, der Hauptstadt Deutschlands.

tā hé tā de kāi guàn qì māo mī duì wèi yǎng tā men de rén lèi huì yòng de chēng hū kuài lè de zhù zài dé guó shǒu dū bó lín yī jiān wēn xīn de fáng zi lǐ

她和她的開罐器（貓咪對餵養牠們的人類會用的稱呼）快樂地住在德國首都柏林一間溫馨的房子裡。

One day, she notices that her humans are packing many suitcases.

Eines Tages bemerkt sie, dass ihre Menschen viele Koffer packen.

yī tiān tā zhù yì dào tā de rén lèi zhèng zài shōu shí xǔ duō xíng lǐ xiāng

一天，她注意到她的人類正在收拾許多行李箱。

"What's cooking here?" Idiomimi asks herself curiously.

Monday / Montag / 星期一

„Was geht denn hier über die Bühne?“, fragt sich Idiomimi neugierig.

zhè shì nǎ yī chū a chéng yǔ mī mī hào qí de xiǎng
「這是哪一齣啊？」成語咪咪好奇地想。

Her humans lovingly lift her up and place her in a soft carrier.

Ihre Menschen heben sie liebevoll hoch und setzen sie in eine Transportbox.

tā de rén lèi wēn róu de bào qǐ tā jiāng tā fàng rù yī gè róu ruǎn
她的人類溫柔地抱起她，將她放入一個柔軟
de yùn shū lóng
的運輸籠。

"We're moving to Taiwan, Idiomimi!" they say. "You'll have many new adventures there."

„Wir ziehen nach Taiwan, Idiomimi!“, sagen sie. „Dort wirst du viele neue Abenteuer erleben.“

wǒ men yào bān dào tái wān le chéng yǔ mī mī tā men
「我們要搬到臺灣了，成語咪咪！」他們
shuō nǐ huì zài nà lǐ jīng lì xǔ duō xīn de mào xiǎn
說。「妳會在那裡經歷許多新的冒險。」

Idiomimi purrs with excitement, but she's also a bit uneasy.

Idiomimi schnurrt vor Aufregung, aber ganz wohl ist ihr nicht in ihrer Haut.

chéng yǔ mī mī xīng fèn de hū lū zhe dàn yě yǒu diǎn tǎn tè bù
成語咪咪興奮地呼嚕著，但也有點忐忑不
ān
安。

They drive to the airport and board a huge airplane.

Sie fahren zum Flughafen und steigen in ein riesiges Flugzeug.

Monday / Montag / 星期一

tā men kāi chē qián wǎng jī chǎng dēng shàng le yī jià jù dà de fēi jī

他們開車前往機場，登上了一架巨大的飛機。

After a long flight, the plane finally lands.

Nach einem langen Flug landet das Flugzeug schließlich.

jīng guò cháng tú fēi xíng fēi jī zhōng yú jiàng luò le

經過長途飛行，飛機終於降落了。

When Idiomimi peeks out of her carrier, she feels the warm and humid air.

Als Idiomimi aus ihrer Box schaut, fühlt sie die warme und feuchte Luft.

dāng chéng yǔ mī mī cóng lóng zi lǐ tàn chū tóu tā gǎn shòu dào wēn nuǎn ér cháo shī de kōng qì

當成語咪咪從籠子裡探出頭，她感受到溫暖而潮濕的空氣。

"Welcome to Taiwan!" her humans say cheerfully.

„Willkommen in Taiwan!“, sagen ihre Menschen fröhlich.

huān yíng lái dào tái wān tā de rén lèi yú kuài de shuō

歡迎來到臺灣！」她的人類愉快地說。

Idiomimi looks around. She sees exotic plants and hears unfamiliar sounds. And it smells completely different here.

Idiomimi blickt sich um. Sie sieht exotische Pflanzen und hört unbekannte Geräusche. Und es riecht auch ganz anders hier.

chéng yǔ mī mī huán gù sì zhōu tā kàn dào qí yì de zhí wù tīng
成語咪咪環顧四周。她看到奇異的植物，聽
dào mò shēng de shēng yīn ér qiě zhè lǐ de qì wèi yě wán quán bù
到陌生的聲音。而且這裡的氣味也完全不
tóng
同。

"Well, this place is jumping!" Idiomimi thinks eagerly.

„Na, hier steppt ja der Bär!“, denkt Idiomimi gespannt.

wā zhè lǐ zhēn shì rè nào fēi fán chéng yǔ mī mī xīng fèn
「哇，這裡真是熱鬧非凡！」成語咪咪興奮
de xiǎng
地想。

***

New words and idioms / Neue Wörter und Idiome / 新詞彙和成語
(xīn cí huì hé chéng yǔ)

- can openers: a funny term for humans who feed cats
- der Dosenöffner: ein lustiger Name für

Monday / Montag / 星期一

Menschen, die Katzen füttern

kāi guàn qì māo mī duì wèi yǎng tā men de rén lèi de yǒu qù chēng hū

- 開罐器：貓咪對餵養牠們的人類的有趣稱呼。
- carrier: a safe box for animals to travel in
- die Transportbox: eine sichere Box für Tiere zum Reisen

yùn shū lóng dòng wù lǚ xíng shí ān quán shǐ yòng de xiāng zǐ

- 運輸籠：動物旅行時安全使用的箱子。
- purr: the sound cats make when they're happy
- das Schnurren: das Geräusch, das Katzen machen, wenn sie glücklich sind

hū lū māo mī kuài lè shí fā chū de shēng yīn

- 呼嚕：貓咪快樂時發出的聲音。
- uneasy: feeling a bit nervous
- „Ganz wohl ist ihr nicht in ihrer Haut.“: Sie ist etwas nervös.

tǎn tè bù ān yǒu xiē jǐn zhāng bù ān

- 忐忑不安：有些緊張不安。
- airplane: a large vehicle that flies through the air

◉ das Flugzeug: ein großes Fahrzeug, das durch die Luft fliegt

fēi jī zài kōng zhōng fēi xíng de dà xíng jiāo tōng gōng jù
◉ 飛機：在空中飛行的大型交通工具。

◉ humid: when the air is warm and a bit wet

◉ feucht: ein bisschen nass

cháo shī kōng qì wēn nuǎn qiě yǒu xiē shī rùn
◉ 潮濕：空氣溫暖且有些濕潤。

◉ "What's cooking here?": What's going on here?

◉ „Was geht hier über die Bühne?“: Was passiert hier?

zhè shì nǎ yī chū a zhè shì zěn me huí shì
◉ 這是哪一齣啊？：這是怎麼回事？

◉ "This place is jumping!": There's a lot going on here.

◉ „Hier steppt der Bär!“: Hier ist viel los!

rè nào fēi fán fēi cháng rè nào yǒu hěn duō shì qíng zài fā shēng
◉ 熱鬧非凡：非常熱鬧，有很多事情在發生。

Monday / Montag / 星期一

IN THE CITY (TUESDAY)

IN DER STADT (DIENSTAG)

zài chéng shì lǐ xīng qí èr
在城市裡（星期二）

The next morning, Idiomimi wakes up in a new apartment.

Am nächsten Morgen wacht Idiomimi in einer neuen Wohnung auf.

dì èr tiān qīng chén chéng yǔ mī mī zài xīn gōng yù lǐ xǐng lái
第二天清晨，成語咪咪在新公寓裡醒來。

Tuesday / Dienstag / 星期二

She jumps onto the windowsill and looks out. Outside it is still dark.

Sie springt auf die Fensterbank und schaut hinaus. Es ist noch dunkel.

tā tiào dào chuāng tái shàng xiàng wài kàn wài miàn tiān hái hēi zhe
她跳到窗臺上向外看。外面天還黑著。

On the street, she sees many scooters and colorful neon lights.

Auf der Straße sieht sie viele Roller und bunte Neonlichter.

jiē shàng yǒu xǔ duō jī chē hé wǔ yán liù sè de ní hóng dēng
街上有許多機車和五顏六色的霓虹燈。

"This is like being on another planet," murmurs Idiomimi.

„Das ist ja wie auf einem anderen Stern“, murmelt Idiomimi.

jiǎn zhí xiàng dào le lìng yī gè xīng qiú chéng yǔ mī mī nán nán zì yǔ
「簡直像到了另一個星球」，成語咪咪喃喃自語。

On the balcony next door, an orange tomcat is watching her.

Auf dem Balkon nebenan sitzt ein orangefarbener Kater und beobachtet sie.

gé bì de yáng tái shàng zuò zhe yī zhī chéng sè de gōng māo zhèng zài kàn tā
隔壁的陽臺上，坐著一隻橙色的公貓正在看她。

"Hello! Are you new here?" the tomcat asks kindly.

„Hallo! Bist du neu hier?“, fragt der Kater freundlich.

Tuesday / Dienstag / 星期二

nǐ hǎo nǐ shì xīn lái de ma nà zhī gōng māo qīn qiē de wèn
「妳好！妳是新來的嗎？」那隻公貓親切地問。

"Yes, I'm Idiomimi," she replies shyly.

„Ja, ich bin Idiomimi“, antwortet sie schüchtern.

shì de wǒ shì chéng yǔ mī mī tā xiū sè de huí dá
「是的，我是成語咪咪」，她羞澀地回答。

"Welcome! I'm Bao," says the tomcat with a smile. "Would you like to explore the city with me? Maybe we can go to the night market together this evening."

„Willkommen! Ich heiße Bao“, sagt der Kater mit einem Lächeln. „Möchtest du mit mir die Stadt erkunden? Vielleicht können wir heute Abend zusammen auf den Nachtmarkt gehen.“

huān yíng nǐ wǒ jiào bāo zi nà zhī gōng māo wéi xiào zhe shuō nǐ xiǎng gēn wǒ yī qǐ tàn suǒ chéng shì ma yě xǔ wǒ men jīn wǎn kě yǐ yī qǐ qù yè shì
「歡迎妳！我叫包子」，那隻公貓微笑著說。「妳想跟我一起探索城市嗎？也許我們今晚可以一起去夜市。」

Idiomimi nods joyfully and responds: "Count me in!" "But what's a night market?" she asks curiously.

Idiomimi nickt voller Freude und antwortet: „Da sage ich nicht nein! Aber was ist das, ein Nachtmarkt?“, fragt sie neugierig.

chéng yǔ mī mī gāo xìng de diǎn tóu yuàn wén qí xiáng dàn shén me
成語咪咪高興地點頭。「願聞其詳，但什麼
shì yè shì ne tā hào qí de wèn
是夜市呢？」她好奇地問。

"It's a market that's open in the evenings," Bao explains.

„Das ist ein Markt, der abends geöffnet ist“, erklärt Bao.

nà shì wǎn shàng yíng yè de shì chǎng bāo zi jiě shì dào
「那是晚上營業的市場」，包子解釋道。

In the evening, Bao takes Idiomimi to a famous night market.

Am Abend nimmt Bao Idiomimi mit auf einen berühmten Nachtmarkt.

wǎn shàng bāo zi dài chéng yǔ mī mī qù le zhù míng de yè shì
晚上，包子帶成語咪咪去了著名的夜市。

"We have delicious foods, games, and music here!“

„Hier gibt es leckeres Essen, Spiele und Musik!“

Tuesday / Dienstag / 星期二

zhè lǐ yǒu měi wèi de shí wù yóu xì hé yīn yuè
「這裡有美味的食物、遊戲和音樂！」

At the market, they meet an elegant Siamese cat.

Auf dem Markt treffen sie eine elegante Siamkatze.

zài shì chǎng shàng tā men yù dào yī zhī yōu yǎ de xiān luó māo
在市場上，他們遇到一隻優雅的暹羅貓。

"Hello, I'm Ling," says the Siamese cat. "Welcome to Taiwan! Can I join you?“

„Hallo, ich bin Ling“, sagt die Siamkatze. „Willkommen in Taiwan! Kann ich euch begleiten?“

nǐ hǎo wǒ shì líng líng xiān luó māo shuō huān yíng
「妳好，我是玲玲。」，暹羅貓說。「歡迎
lái dào tái wān wǒ kě yǐ jiā rù ma
來到臺灣！我可以加入嗎？」

"Nice to meet you, Ling," replies Idiomimi. "Sure. The more, the merrier!“

„Freut mich, dich kennenzulernen, Ling“, antwortet Idiomimi. „Klar. Je mehr, desto besser!“

hěn gāo xìng rèn shì nǐ líng líng chéng yǔ mī mī huí dá
「很高興認識妳，玲玲」，成語咪咪回答。

dāng rán kě yǐ māo duō hǎo bàn shì
「當然可以。貓多好辦事！」

They stroll together through the alleys. Idiomimi sees stalls with stinky tofu, bubble tea, and fried noodles.

Sie schlendern gemeinsam durch die Gassen. Idiomimi sieht Stände mit Stinktofu, Bubble Tea und gebratenen Nudeln.

tā men yī qǐ màn bù zài xiǎo xiàng zhōng chéng yǔ mī mī kàn dào yǒu chòu
他們一起漫步在小巷中。成語咪咪看到有臭
dòu fǔ zhēn zhū nǎi chá hé chǎo miàn de tān wèi
豆腐、珍珠奶茶和炒麵的攤位。

"Do you want to try some bubble tea?" asks Ling.

„Willst du Bubble Tea probieren?“, fragt Ling.

nǐ xiǎng shì shì zhēn zhū nǎi chá ma líng líng wèn
「妳想試試珍珠奶茶嗎？」玲玲問。

"I'm all ears!" says Idiomimi.

„Ich bin ganz Ohr!“, sagt Idiomimi.

xìng zhì bó bó chéng yǔ mī mī shuō
「興致勃勃」，成語咪咪說。

"It's a sweet drink with tapioca pearls," Ling explains. "Here, try it.“

„Das ist ein süßes Getränk mit Tapioka-Kugeln“, erklärt Ling. „Hier, probier mal.“

nà shì yī zhǒng yǒu fěn yuán de tián yǐn liào líng líng jiě shì dào lái cháng cháng kàn
「那是一種有粉圓的甜飲料」，玲玲解釋道。「來，嘗嘗看。」

Idiomimi takes a sip. "Oh, this is top-notch!“

Idiomimi nimmt einen Schluck. „Oh, lecker! Das ist ja allererste Sahne!“

chéng yǔ mī mī hē le yī kǒu ó zhè jiǎn zhí shì qióng jiāng yù yè
成語咪咪喝了一口。「哦，這簡直是瓊漿玉液！」

Suddenly, they hear music. A black tomcat with white paws is dancing merrily to the melody.

Plötzlich hören sie Musik. Ein schwarzer Kater mit weißen Pfoten tanzt fröhlich zur Melodie.

tú rán tā men tīng dào yīn yuè shēng yī zhī hēi sè de gōng māo
突然，他們聽到音樂聲。一隻黑色的公貓，
bái sè de zhuǎ zǐ zhèng yú kuài de suí zhe xuán lǜ tiào wǔ
白色的爪子，正愉快地隨著旋律跳舞。

"Hello, I'm Kuro from Japan," he says. "Come and dance with me!“

„Hallo, ich bin Kuro aus Japan“, sagt er. „Kommt und tanzt mit mir!“

nǐ hǎo wǒ shì lái zì rì běn de hēi láng tā shuō
「妳好，我是來自日本的黑郎」，他說。
lái gēn wǒ yī qǐ tiào wǔ ba
「來跟我一起跳舞吧！」

The friends dance and have a great time together.

Die Freunde tanzen und haben viel Spaß zusammen.

péng yǒu men yī qǐ tiào wǔ wán de hěn kāi xīn
朋友們一起跳舞，玩得很開心。

Suddenly, they hear a loud noise. "What was that?" Idiomimi wonders, startled. "Goodness gracious!" she exclaims.

Plötzlich hören Sie ein lautes Geräusch.

„Was war das?“, denkt Idiomimi erschrocken. „Ach du meine Güte!“, ruft sie.

tú rán tā men tīng dào yī gè jù dà de shēng yīn nà shì shén
突然，他們聽到一個巨大的聲音。「那是什
me chéng yǔ mī mī jīng yà de xiǎng zhe tiān a tā
麼？」成語咪咪驚訝地想著。「天啊！」她
jīng hū
驚呼。

"Don't worry," Bao reassures her. "Those are just fireworks. We often have small fireworks in the evenings here.“

„Keine Sorge“, beruhigt Bao sie. „Das ist nur ein Feuerwerk. Hier gibt es oft kleine Feuerwerke am Abend.“

bié dān xīn bāo zi ān wèi tā nà zhǐ shì yān huǒ
「別擔心」，包子安慰她。「那只是煙火。
wǒ men zhè lǐ jīng cháng zài wǎn shàng fàng yān huǒ
我們這裡經常在晚上放煙火。」

Idiomimi looks up at the sky and sees colorful lights. "Wow, that's breathtaking!" she exclaims excitedly.

Idiomimi schaut in den Himmel und sieht bunte Lichter. „Holla, die Waldfee! Das ist wunderschön!“, ruft sie begeistert.

chéng yǔ mī mī tái tóu kàn zhe tiān kōng kàn dào wǔ cǎi bīn fēn de guāng
成語咪咪抬頭看著天空，看到五彩繽紛的光

máng wā zhēn shì měi bú shèng shōu tā xīng fèn de hǎn
芒。「哇，真是美不勝收！」她興奮地喊

dào
道。

***

New words and idioms / Neue Wörter und Idiome / 新詞彙和成語

xīn cí huì hé chéng yǔ

- scooter: a small motorcycle
- der Roller: ein kleines Motorrad
- jī chē yī zhǒng xiǎo xíng mó tuō chē
  機車：一種小型摩托車。
- neon light: colorful, glowing signs
- das Neonlicht: bunte, leuchtende Schilder
- ní hóng dēng sè cǎi bīn fēn fā guāng de zhāo pái
  霓虹燈：色彩繽紛、發光的招牌。
- night market: a market in the evening with food and games
- der Nachtmarkt: ein Markt am Abend mit Essen und Spielen
- yè shì wǎn shàng yíng yè de shì chǎng yǒu shí wù hé yóu xì
  夜市：晚上營業的市場，有食物和遊戲。
- stinky tofu: a strong-smelling tofu dish
- der Stinktofu: ein stark riechendes Tofu-

Gericht

- chòu dòu fǔ yī zhǒng wèi dào qiáng liè de dòu fǔ liào lǐ
  臭豆腐：一種味道強烈的豆腐料理。
- bubble tea: a sweet drink with tapioca pearls
- der Bubble Tea: ein süßes Getränk mit kleinen Kugeln aus Tapioka
- zhēn zhū nǎi chá hán yǒu fěn yuán de tián yǐn liào
  珍珠奶茶：含有粉圓的甜飲料。
- tapioka pearls: small balls made from cassava
- die Tapioka: kleine Kugeln aus Maniokmehl
- fěn yuán yòng shù shǔ fěn zhì chéng de xiǎo qiú
  粉圓：用樹薯粉製成的小球。
- fireworks: colorful lights in the sky that explode loudly
- das Feuerwerk: bunte Lichter am Himmel, die laut explodieren.
- yān huǒ zài tiān kōng zhōng bào zhà de wǔ cǎi dēng guāng
  煙火：在天空中爆炸的五彩燈光。
- "This is like being on another planet": This is very unfamiliar to me.
- „Das ist ja wie auf einem anderen Stern.“:

Das ist sehr fremd für mich.

- jiǎn zhí xiàng dào le lìng yī gè xīng qiú duì wǒ lái shuō fēi cháng mò shēng
  簡直像到了另一個星球：對我來說非常陌生。
- "Count me in!": I'm very interested and eager to join.
- „Da sage ich nicht nein!“: Ich bin gern dabei.
- yuàn wén qí xiáng wǒ hěn xiǎng zhī dào
  願聞其詳！：我很想知道。
- "The more, the merrier!": More friends make it better.
- „Je mehr, desto besser!“: Mehr Freunde sind besser.
- māo duō hǎo bàn shì rén lèi dāng rán huì yòng rén duō hǎo bàn shì gèng duō de péng yǒu gèng hǎo
  貓多好辦事！（人類當然會用「人多好辦事！」）：更多的朋友更好。
- "I'm all ears!": Tell me more!
- „Ich bin ganz Ohr!“: Erzähl mir mehr!
- xìng zhì bó bó fēi cháng yǒu xìng qù
  興致勃勃：非常有興趣。
- "top-notch": very good
- „Das ist ja allererste Sahne!“: Das ist

sehr gut.

- qióng jiāng yù yè fēi cháng hǎo hē
  瓊漿玉液：非常好喝
- "Goodness gracious!": an expression of surprise or shock
- „Ach du meine Güte!“: Ausruf der Überraschung oder des Erschreckens
- tiān a biǎo shì jīng yà huò zhèn jīng
  天啊！：表示驚訝或震驚。
- "That's breathtaking!": That's very beautiful!
- „Holla, die Waldfee!“: Ausdruck des Erstaunens
- měi bú shèng shōu fēi cháng měi lì
  美不勝收：非常美麗。

AT THE TEMPLE (WEDNESDAY)

IM TEMPEL (MITTWOCH)

zài sì miào lǐ xīng qí sān

在寺廟裡（星期三）

The next day, Bao leads Idiomimi to a magnificent temple.

Am nächsten Tag führt Bao Idiomimi zu einem prächtigen Tempel.

qí sān bāo zi dài chéng yǔ mī mī qù yī zuò hóng wěi de sì miào

期三，包子帶成語咪咪去一座宏偉的寺廟。

Wednesday / Mittwoch / 星期三

"Gosh, what a sight!" exclaims Idiomimi.

„Donnerwetter, was für ein Ort!“, staunt Idiomimi.

wā zhēn shì zhuàng guān chéng yǔ mī mī jīng tàn dào
「哇，真是壯觀！」成語咪咪驚嘆道。

"This is a temple," Bao explains. "People pray here to various gods and ancestors.“

„Das ist ein Tempel“, erklärt Bao. „Hier

beten die Menschen zu verschiedenen Göttern und Ahnen.“

zhè shì yī zuò sì miào bāo zi jiě shì shuō rén men zài
「這是一座寺廟」，包子解釋說。「人們在
zhè lǐ bài shén hé zǔ xiān
這裡拜神和祖先。」

In front of the temple, they meet a white cat with green eyes.

Vor dem Tempel treffen sie eine weiße Katze mit grünen Augen.

zài sì miào qián tā men yù dào yī zhī lǜ yǎn jīng de bái sè mǔ
在寺廟前，他們遇到一隻綠眼睛的白色母
māo
貓。

"Hello, I'm Mei," says the cat. "I can show you around.“

„Hallo, ich bin Mei“, sagt die Katze. „Ich kann euch herumführen.“

nǐ hǎo wǒ shì měi měi nà zhī mǔ māo shuō wǒ kě
「妳好，我是美美」，那隻母貓說。「我可
yǐ dài nǐ men cān guān
以帶你們參觀。」

Mei shows them how to light incense sticks and make a wish.

Mei zeigt ihnen, wie man Räucherstäbchen

anzündet und einen Wunsch äußert.

měi měi xiàng tā men shì fàn rú hé diǎn rán xiāng bìng xǔ yuàn
美美向他們示範如何點燃<u>香</u>並許願。

"You can also use the <u>fortune sticks</u>," Mei says. "They give you answers to your questions about the future."

„Du kannst auch die <u>Orakelstäbchen</u> benutzen“, sagt Mei. „Sie geben dir Antworten auf deine Fragen über die Zukunft.“

nǐ yě kě yǐ shǐ yòng qiān shī měi měi shuō tā men huì
「妳也可以使用籤詩」，美美說。「它們會
huí dá nǐ guān yú wèi lái de wèn tí
回答妳關於未來的問題。」

Idiomimi tries it and feels on cloud nine.

Idiomimi probiert es aus und fühlt sich pudelwohl.

chéng yǔ mī mī shì le yī xià jué dé xīn huā nù fàng
成語咪咪試了一下，覺得心花怒放。

"The culture here is really top-notch!" she thinks.

„Die Kultur hier ist wirklich das Gelbe vom Ei!“, denkt sie.

zhè lǐ de wén huà zhēn shì jīng huá suǒ zài tā xiǎng
「這裡的文化真是精華所在！」她想。

Suddenly, they hear a strange sound.
"What's that?" asks Idiomimi.

Plötzlich hören sie ein seltsames Geräusch.
„Was ist das?“, fragt Idiomimi.

tú rán tā men tīng dào yī gè qí guài de shēng yīn nà shì shén
突然，他們聽到一個奇怪的聲音。「那是什
me chéng yǔ mī mī wèn
麼？」成語咪咪問。

"That's a bell," Mei explains. "It's used to call for the monks to come.“

„Das ist eine Glocke“, erklärt Mei. „Sie wird verwendet, um die Mönche zu rufen.“

nà shì zhōng shēng měi měi jiě shì dào yòng yú zhào jí sēng lǚ
「那是鐘聲」，美美解釋道。「用於召集僧侶。」

They watch as a monk strikes a bell. The steady sound of the bell fills the entire temple.

Sie beobachten, wie ein Mönch eine Glocke schlägt. Der gleichmäßige Klang der Glocke erfüllt den ganzen Tempel.

tā men kàn dào yī wèi sēng lǚ zhèng zài qiāo zhōng chén wěn de zhōng shēng chōng mǎn le zhěng gè sì miào
他們看到一位僧侶正在敲鐘。沈穩的鐘聲充滿了整個寺廟。

***

New words and idioms / Neue Wörter und Idiome / 新詞彙和成語

(xīn cí huì hé chéng yǔ)

- temple: a religious building for prayer
- der Tempel: ein religiöses Gebäude zum Beten
- 寺廟：供奉神明和祖先的宗教建築。
  (sì miào: gōng fèng shén míng hé zǔ xiān de zōng jiào jiàn zhú)

- incense sticks: sticks that release fragrance when burned
- das Räucherstäbchen: Stäbchen, das beim Verbrennen duftet
- xiāng rán shāo shí huì sàn fā xiāng wèi de xì bàng
  香：燃燒時會散發香味的細棒。
- fortune sticks: sticks used for divination
- das Orakelstäbchen: Stäbchen, das zur Wahrsagung verwendet wird
- qiān shī yòng yú zhàn bǔ de zhú qiān
  籤詩：用於占卜的竹籤。
- bell: a hollow musical instrument shaped like a cup and made of metal
- die Glocke: ein hohles Musikinstrument aus Metall, das wie ein Becher geformt ist
- zhōng bēi xíng jīn shǔ yuè qì
  鐘：杯形金屬樂器。
- monk: a person who lives and prays in a temple or monastery
- der Mönch: eine Person, die in einem Tempel oder Kloster lebt und betet
- sēng lǚ zài sì miào zhōng shēng huó hé qí dǎo de rén
  僧侶：在寺廟中生活和祈禱的人。

- "Gosh!": expression of surprise or amazement
- „Donnerwetter!“: Ausdruck des Erstaunens
- wā biǎo shì jīng yà huò zhèn jīng
哇：表示驚訝或震驚。
- "on cloud nine": feeling extremely happy
- „fühlt sich pudelwohl“: fühlt sich sehr gut
- xīn huā nù fàng fēi cháng gāo xìng
心花怒放：非常高興。
- „das Gelbe vom Ei“: etwas sehr Gutes
- jīng huá suǒ zài zuì hǎo de bù fēn
精華所在：最好的部分。

THE MOON FESTIVAL (THURSDAY)

DAS MONDFEST (DONNERSTAG)

zhōng qiū jié xīng qí sì

中秋節（星期四）

Today is the Moon Festival. Idiomimi and her friends meet in the park to celebrate together.

Heute ist das Mondfest. Idiomimi und ihre Freunde treffen sich im Park, um gemeinsam zu feiern.

tiān shì zhōng qiū jié chéng yǔ mī mī hé tā de péng yǒu men zài gōng yuán
天是中秋節。成語咪咪和她的朋友們在公園
jiàn miàn yī qǐ qìng zhù
見面，一起慶祝。

Thursday / Donnerstag / 星期四

"What is the Moon Festival?" asks Idiomimi eagerly.

„Was ist das Mondfest?“, fragt Idiomimi gespannt.

shén me shì zhōng qiū jié chéng yǔ mī mī chōng mǎn xìng qù de wèn
「什麼是中秋節？」成語咪咪充滿興趣地問。

"It's an important festival in Taiwan," Ling explains. "We celebrate the full moon and togetherness.“

„Das ist ein wichtiges Fest in Taiwan“, erklärt Ling. „Wir feiern den vollen Mond und die Gemeinschaft.“

zhè shì tái wān zhòng yào de jié rì líng líng jiě shì dào
「這是臺灣重要的節日」，玲玲解釋道。
wǒ men qìng zhù de shì mǎn yuè hé tuán yuán
「我們慶祝的是滿月和團圓。」

Ling brings moon cakes, round cakes with sweet or savory fillings.

Ling bringt Mondkuchen mit, runde Kuchen mit süßer oder herzhafter Füllung.

líng líng dài lái le yuè bǐng yī zhǒng yǒu tián xiàn huò xián xiàn de yuán xíng gāo diǎn
玲玲帶來了月餅，一種有甜餡或鹹餡的圓形糕點。

"Try one!" she says.

„Probier mal!", sagt sie.

「試試看！」她說。

Idiomimi tastes the moon cake. "Mmm, that's just my cup of tea!"

Idiomimi kostet den Mondkuchen. „Mmh, das ist genau mein Geschmack!"

Thursday / Donnerstag / 星期四

chéng yǔ mī mī cháng le yī kǒu yuè bǐng en zhèng hé wǒ
成語咪咪嚐了一口月餅。「嗯，正合我

yì
意！」

They sit on blankets in the grass and admire the big, bright moon in the sky.

Sie sitzen auf Decken im Gras und bewundern den großen, hellen Mond am Himmel.

tā men zuò zài cǎo dì shàng de tǎn zǐ shàng xīn shǎng zhe tiān kōng zhōng yòu
他們坐在草地上的毯子上，欣賞著天空中又

dà yòu liàng de yuè liàng
大又亮的月亮。

"Do you know the story of Chang'e, the moon goddess?" Mei asks.

„Kennt ihr die Geschichte von Chang'e, der Mondgöttin?“, fragt Mei.

nǐ men zhī dào cháng é de gù shì ma měi měi wèn
「你們知道嫦娥的故事嗎？」美美問。

"No, spill the beans already!“ Kuro urges.

„Nein, spuck schon aus!“, bittet Kuro.

bù zhī dào kuài gào sù wǒ men ba hēi láng cuī cù dào
「不知道，快告訴我們吧！」黑郎催促道。

Mei begins to tell: "Once upon a time, there was a beautiful woman named Chang'e. She lived with her husband Houyi. One day, she drank a magic potion and flew to the moon..."

Mei beginnt zu erzählen: „Es war einmal eine schöne Frau namens Chang'e. Sie lebte mit ihrem Mann Hou Yi. Einmal trank sie einen Zaubertrank und flog zum Mond…“

měi měi kāi shǐ jiǎng shù hěn jiǔ yǐ qián yǒu yī wèi měi lì de
美美開始講述：「很久以前，有一位美麗的
nǚ zǐ míng jiào cháng é tā hé tā de zhàng fū hòu yì shēng huó zài yī
女子名叫嫦娥。她和她的丈夫后羿生活在一
qǐ yǒu yī tiān tā hē xià le xiān yào fēi dào le yuè liàng
起。有一天，她喝下了仙藥，飛到了月亮
shàng
上……」

Everyone listens with rapt attention.

Alle lauschen gebannt der Geschichte.

dà jiā jù jīng huì shén de tīng zhe
大家聚精會神地聽著。

Idiomimi feels over the moon in the company of her friends.

Idiomimi fühlt sich wie im siebten Himmel in der Gemeinschaft ihrer Freunde.

chéng yǔ mī mī jué dé xīn mǎn yì zú yǔ péng yǒu men zài yī qǐ zhēn
成語咪咪覺得心滿意足，與朋友們在一起真
shì wú bǐ kāi xīn
是無比開心。

Thursday / Donnerstag / 星期四

***

New words and idioms / Neue Wörter und Idiome / 新詞彙和成語
(xīn cí huì hé chéng yǔ)

- Moon Festival: a traditional festival in autumn
- das Mondfest: ein traditionelles Fest im Herbst
- zhōng qiū jié: qiū jì de chuán tǒng jié rì
  中秋節：秋季的傳統節日。
- togetherness: being with others in a group
- die Gemeinschaft: eine Gruppe von Menschen, die zusammen sind
- tuán yuán: yǔ jiā rén hé péng yǒu zài yī qǐ
  團圓：與家人和朋友在一起。
- moon cake: a round cake with sweet or savory filling
- der Mondkuchen: ein runder Kuchen mit süßer Füllung
- yuè bǐng: yǒu tián xiàn huò xián xiàn de yuán xíng gāo diǎn
  月餅：有甜餡或鹹餡的圓形糕點。
- "Just my cup of tea!": Exactly what I like!
- „Das ist genau mein Geschmack!“: Das

gefällt oder schmeckt mir sehr.

- zhèng hé wǒ yì zhèng shì wǒ xǐ huān de
  正合我意：正是我喜歡的。
- "Spill the beans already!": Tell me quickly!
- „Spuck schon aus!“: Erzähl es mir schnell!
- "with rapt attention": listening very carefully
- „lauschen gebannt“: hören aufmerksam zu
- jù jīng huì shén fēi cháng zhuān xīn de líng tīng
  聚精會神：非常專心地聆聽。
- "over the moon": extremely happy
- „wie im siebten Himmel“: sehr glücklich
- xīn mǎn yì zú fēi cháng mǎn zú hé kuài lè
  心滿意足：非常滿足和快樂。

AT THE TEAHOUSE (FRIDAY)

IM TEEHAUS (FREITAG)

zài chá guǎn xīng qí wǔ
在茶館（星期五）

On Friday, Bao invites Idiomimi to a traditional teahouse.

Am Freitag lädt Bao Idiomimi in ein traditionelles Teehaus ein.

xīng qí wǔ bāo zi yāo qǐng chéng yǔ mī mī qù yī jiā chuán tǒng de chá guǎn
星期五，包子邀請成語咪咪去一家傳統的茶館。

"Here you can try real oolong tea," he says.

„Hier kannst du echten Oolong-Tee probieren", sagt er.

zài zhè lǐ kě yǐ pǐn cháng zhēn zhèng de wū lóng chá tā shuō
「在這裡可以品嚐真正的烏龍茶」，他說。

At the teahouse, they meet an older gray tomcat.

Im Teehaus treffen sie einen älteren grauen Kater.

zài chá guǎn lǐ tā men yù dào yī zhī nián zhǎng de huī sè gōng māo
在茶館裡，他們遇到一隻年長的灰色公貓。

"My name is Chen, and I'm the tea master," he says kindly.

„Mein Name ist Chen und ich bin der Teemeister", sagt er freundlich.

wǒ xìng chén shì yī míng chá yì shī tā qīn qiē de shuō
「我姓陳，是一名茶藝師」，他親切地說。

He shows them how to prepare tea slowly and with mindfulness.

Er zeigt ihnen, wie man Tee langsam und mit Achtsamkeit zubereitet.

tā xiàng tā men zhǎn shì rú hé yǐ zhuān zhù de tài dù màn màn pào chá
他向他們展示如何以專注的態度慢慢泡茶。

Friday / Freitag / 星期五

"The tea is poured three times," Chen explains. "That way, it unfolds its full aroma.“

„Der Tee wird dreimal aufgegossen“, erklärt Chen. „So entfaltet er sein volles Aroma.“

chá yè yào chōng sān cì chén dà shī jiě shì dào zhè yàng
「茶葉要沖三次」，陳大師解釋道。「這樣
cái néng chōng fēn shì fàng xiāng qì
才能充分釋放香氣。」

Idiomimi enjoys the scent and taste of the tea.

Idiomimi genießt den Duft und den Geschmack des Tees.

chéng yǔ mī mī xiǎng shòu zhe chá de xiāng qì hé wèi dào
成語咪咪享受著茶的香氣和味道。

"This is food for the soul," she sighs contentedly.

„Das ist Balsam für die Seele“, seufzt sie zufrieden.

zhēn shì xīn líng de xiǎng yàn tā mǎn zú de tàn dào
「真是心靈的饗宴」，她滿足地嘆道。

Chen also teaches her some Chinese characters.

Chen bringt ihr auch einige chinesische Schriftzeichen bei.

chén dà shī hái jiào tā yī xiē hàn zì
陳大師還教她一些漢字。

"This is the character for tea", he shows them:

„Das ist das Zeichen für Tee“, zeigt er ihnen:

Friday / Freitag / 星期五

zhè shì chá de hàn zì tā zhǎn shì gěi tā men kàn
「這是'茶'的漢字」， 他展示給他們看：

Idiomimi tries to draw the character with a brush.

Idiomimi versucht, das Zeichen mit einem Pinsel zu malen.

chéng yǔ mī mī shì zhe yòng máo bǐ xiě zhè gè zì
成語咪咪試著用毛筆寫這個字。

"Practice makes perfect!" she exclaims happily and draws the character a second time straight away.

„Übung macht den Meister!“, ruft sie erfreut und malt es gleich noch einmal.

shú néng shēng qiǎo tā gāo xìng de shuō rán hòu mǎ shàng yòu xiě le dì èr biàn

「熟能生巧！」她高興地說，然後馬上又寫了第二遍。

***

New words and idioms / Neue Wörter und Idiome / 新詞彙和成語

(xīn cí huì hé chéng yǔ)

- teahouse: a place to drink tea
- das Teehaus: ein Ort zum Teetrinken
- chá guǎn hē chá de dì fāng
茶館：喝茶的地方。
- oolong tea: a special type of tea
- der Oolong-Tee: eine spezielle Teesorte
- wū lóng chá yī zhǒng tè shū de chá lèi
烏龍茶：一種特殊的茶類。
- tea master: a person who knows a lot about tea
- der Teemeister: eine Person, die sich gut mit Tee auskennt
- chá yì shī duì chá fēi cháng liǎo jiě de rén
茶藝師：對茶非常了解的人。
- with mindfulness: being fully attentive to a task

- mit Achtsamkeit: mit voller Aufmerksamkeit bei einer Sache sein
- zhuān zhù quán shén guàn zhù de zuò yī jiàn shì
  專注：全神貫注地做一件事。
- character: symbol in Mandarin writing
- das Schriftzeichen: Symbol in der chinesischen Schrift.
- hàn zì zhōng wén shū xiě de fú hào
  漢字：中文書寫的符號。
- "food for the soul": something that feels very good.
- „Balsam für die Seele“: etwas, das sehr gut tut
- xīn líng de xiǎng yàn lìng xīn líng gǎn dào yú yuè de shì wù
  心靈的饗宴：令心靈感到愉悅的事物。
- "Practice makes perfect!": We get better by practicing!
- „Übung macht den Meister!“: Durch Üben wird man besser.
- shú néng shēng qiǎo tōng guò liàn xí biàn dé gèng hǎo
  熟能生巧：通過練習變得更好。
- 茶 (chá): der Tee

IN THE COUNTRYSIDE (SATURDAY)

AUF DEM LAND (SAMSTAG)

xiāng jiān zhī lǚ xīng qí liù

鄉間之旅（星期六）

Today, Idiomimi and her friends go to the countryside. They board a high-speed train.

Heute fahren Idiomimi und ihre Freunde aufs Land. Sie steigen in einen Hochgeschwindigkeitszug.

jīn tiān chéng yǔ mī mī hé péng yǒu men qián wǎng xiāng xià tā men chéng zuò gāo tiě

今天，成語咪咪和朋友們前往鄉下。他們乘坐高鐵。

"This train is taking off like a rocket!" marvels Idiomimi.

„Dieser Zug hat ja vielleicht einen Affenzahn drauf!“, staunt Idiomimi.

zhè liè huǒ chē zhēn shì kuài rú shǎn diàn chéng yǔ mī mī jīng tàn dào

「這列火車真是快如閃電！」成語咪咪驚嘆道。

They visit a rice plantation. There, they meet a brown cat wearing a straw hat.

Sie besuchen eine Reisplantage. Dort

treffen sie eine braune Katze mit einem Strohhut.

tā men cān guān le yī gè dào tián zài nà lǐ tā men yù dào yī
他們參觀了一個稻田。在那裡，他們遇到一
zhī dài zhe cǎo mào de zōng sè mǔ māo
隻戴著草帽的棕色母貓。

"Welcome! I'm Li," she says. "I work here in the fields."

„Willkommen! Ich bin Li", sagt sie. „Ich arbeite hier auf den Feldern."

huān yíng wǒ shì lì lì tā shuō wǒ zài zhè lǐ de
「歡迎！我是麗麗」，她說。「我在這裡的
tián lǐ gōng zuò
田裡工作。」

Li shows them how rice grows and is harvested.

Li zeigt ihnen, wie der Reis wächst und geerntet wird.

lì lì xiàng tā men zhǎn shì dào mǐ shì rú hé shēng zhǎng hé shōu huò de
麗麗向他們展示稻米是如何生長和收穫的。

"That's hard work," says Idiomimi respectfully.

„Das ist harte Arbeit", sagt Idiomimi respektvoll.

zhè shì xīn kǔ de gōng zuò chéng yǔ mī mī zūn jìng de shuō
「這是辛苦的工作」，成語咪咪尊敬地說。

"You really put your heart into it!“

„Ihr legt euch richtig ins Zeug!“

nǐ men zhēn shì jìn xīn jìn lì
「你們真是盡心盡力！」

Suddenly, they see something big in the sky. "Look!" Kuro calls out excitedly.

Plötzlich sehen sie etwas Großes am Himmel. „Seht mal!“, ruft Kuro aufgeregt.

tú rán tā men kàn dào tiān kōng zhōng yǒu yī gè jù dà de dōng xī
突然，他們看到天空中有一個巨大的東西。
kuài kàn hēi láng xīng fèn de hǎn dào
「快看！」黑郎興奮地喊道。

It's a large, colorful hot air balloon.

Es ist ein großer, bunter Heißluftballon.

yuán lái shì yī gè sè cǎi bīn fēn de rè qì qiú
原來是一個色彩繽紛的熱氣球。

"Would you like to go on a ride?“ Li asks. "My friend offers balloon rides for tourists.“

„Möchtet ihr auch mal mitfliegen?“, fragt Li. „Mein Freund macht Ballonfahrten für Touristen.“

nǐ men xiǎng chéng zuò ma lì lì wèn wǒ de péng yǒu wèi
「你們想乘坐嗎？」麗麗問。「我的朋友為

yóu kè tí gōng rè qì qiú zhī lǚ
遊客提供熱氣球之旅。」

They climb into the basket and slowly lift off. From above, they see the beautiful landscape of Taiwan.

Sie steigen in den Korb und heben langsam ab. Von oben sehen sie die wunderschöne Landschaft von Taiwan.

tā men dēng shàng lán zǐ màn màn shēng kōng cóng shàng fāng tā men kàn
他們登上籃子，慢慢升空。從上方，他們看

dào tái wān měi lì de fēng jǐng
到臺灣美麗的風景。

"This is just the icing on the cake!" everyone exclaims enthusiastically.

„Das ist ja das Sahnehäubchen!“, rufen alle begeistert.

zhè zhēn shì jǐn shàng tiān huā dà jiā xīng fèn de shuō
「這真是錦上添花！」大家興奮地說。

"This is breathtaking!" marvels Idiomimi. "I can even see the sea!“

„Das ist atemberaubend!“, staunt Idiomimi. „Ich kann sogar das Meer sehen!“

zhēn shì lìng rén píng xí chéng yǔ mī mī jīng tàn dào wǒ
「真是令人屏息！」成語咪咪驚嘆道。「我
shèn zhì néng kàn dào dà hǎi
甚至能看到大海！」

In the afternoon, they go to a hot spring.

Am Nachmittag gehen sie zu einer heißen Quelle.

xià wǔ tā men qù le yī gè wēn quán
下午，他們去了一個溫泉。

"The water is warm and pleasant," Kuro rejoices.

„Das Wasser ist warm und angenehm“, freut sich Kuro.

shuǐ wēn nuǎn yòu shū shì hēi láng gāo xìng de shuō
「水溫暖又舒適」，黑郎高興地說。

They relax and enjoy the beautiful scenery.

Sie entspannen sich und genießen die schöne Landschaft.

tā men fàng sōng shēn xīn xiǎng shòu měi lì de fēng jǐng
他們放鬆身心，享受美麗的風景。

***

New words and idioms / Neue Wörter und Idiome / 新詞彙和成語

xīn cí huì hé chéng yǔ

- high-speed train: a very fast train
- der Hochgeschwindigkeitszug: ein sehr schneller Zug
- gāo tiě fēi cháng kuài de huǒ chē
  高鐵：非常快的火車。
- rice plantation: a field where rice is grown
- die Reisplantage: Felder, auf denen man Reis anbaut
- dào tián zhǒng zhí dào mǐ de tián dì
  稻田：種植稻米的田地。
- hot air balloon: a large balloon filled with hot air that can fly

◉ der Heißluftballon: ein großer Ballon, der mit heißer Luft gefüllt ist und fliegen kann

rè qì qiú chōng mǎn rè kōng qì kě yǐ fēi xíng de dà qì qiú
◉ 熱氣球：充滿熱空氣、可以飛行的大氣球。

◉ tourist: someone who visits a place to get to know it

◉ der Tourist: jemand, der einen Ort besucht, um ihn kennenzulernen

yóu kè zào fǎng yī gè dì fāng yǐ liǎo jiě tā de rén
◉ 遊客：造訪一個地方以了解它的人。

◉ hot spring: naturally warm water from the earth

◉ die heiße Quelle: natürliches warmes Wasser aus der Erde

wēn quán lái zì dì dǐ de tiān rán wēn nuǎn shuǐ yuán
◉ 溫泉：來自地底的天然溫暖水源。

◉ scenery: the nature around us

◉ die Landschaft: die Natur um uns herum

fēng jǐng wǒ men zhōu wéi de zì rán huán jìng
◉ 風景：我們周圍的自然環境。

◉ "taking off like a rocket": going very fast

◉ „hat einen Affenzahn drauf“: fährt sehr

schnell

kuài rú shǎn diàn fēi cháng kuài
◉ 快如閃電：非常快。

◉ „You really put your heart into it!“: You really work very hard!

◉ „Ihr legt euch richtig ins Zeug!“: Ihr strengt euch wirklich sehr an!

jìn xīn jìn lì fēi cháng nǔ lì
◉ 盡心盡力：非常努力。

◉ "the icing on the cake": an added bonus; the best part

◉ „das Sahnehäubchen“: das Beste zum Schluss

jǐn shàng tiān huā gèng hǎo de shì wù
◉ 錦上添花：更好的事物。

◉ "breathtaking": very beautiful

◉ „atemberaubend“: sehr schön

lìng rén píng xí fēi cháng měi lì
◉ 令人屏息：非常美麗。

THE LANGUAGE COURSE (SUNDAY)

DER SPRACHKURS (SONNTAG)

yǔ yán kè （xīng qí tiān）

語言課（星期天）

Idiomimi wants to learn some Mandarin, the language spoken in Taiwan.

Idiomimi möchte etwas Mandarin lernen, die Sprache, die in Taiwan gesprochen wird.

chéng yǔ mī mī xiǎng xué yī xiē zhōng wén, zài tái wān jiǎng de yǔ yán

成語咪咪想學一些中文，在臺灣講的語言。

"Every beginning is hard, but I want to speak with my new friends in their language," she says determinedly.

„Aller Anfang ist schwer, aber ich möchte mit meinen neuen Freunden in ihrer Sprache sprechen können", sagt sie entschlossen.

wàn shì qǐ tóu nán dàn wǒ xiǎng yòng péng yǒu men de yǔ yán jiāo
「萬事起頭難，但我想用朋友們的語言交
liú tā jiān dìng de shuō
流」，她堅定地說。

Bao recommends a language course for beginners.

Bao empfiehlt ihr einen Sprachkurs für Anfänger.

bāo zi wéi tā tuī jiàn le yī gè chū xué zhě de yǔ yán kè chéng
包子為她推薦了一個初學者的語言課程。

In class, Idiomimi learns simple words like "Hello" (Nǐ hǎo) and "Thank you" (Xièxiè):

Im Kurs lernt Idiomimi einfache Wörter wie „Hallo" (Nǐhǎo) und „Danke" (Xièxiè):

zài kè táng shàng tā xué dào nǐ hǎo hé xiè xiè děng jiǎn
在課堂上，她學到「你好」和「謝謝」等簡
dān cí yǔ
單詞語：

Sunday / Sonntag / 星期天

She practices the Chinese characters and finds it exciting.

Sie übt die chinesischen Schriftzeichen und findet es spannend.

tā liàn xí hàn zì, jué dé hěn yǒu qù

她練習漢字，覺得很有趣。

"The characters look like little works of art," she thinks.

„Die Zeichen sehen aus wie kleine Kunstwerke“, denkt sie.

zhè xiē zì kàn qǐ lái xiàng xiǎo xiǎo de yì shù pǐn tā xiǎng
「這些字看起來像小小的藝術品」，她想。

Her friends help her study.

Ihre Freunde helfen ihr beim Lernen.

tā de péng yǒu men bāng zhù tā xué xí
她的朋友們幫助她學習。

"You're doing great, Idiomimi!", Ling encourages her.

„Das machst du schon toll, Idiomimi!“, ermutigt sie Ling.

nǐ zuò dé hěn hǎo chéng yǔ mī mī líng líng gǔ lì tā
「妳做得很好，成語咪咪！」玲玲鼓勵她。

"Piece of cake, Idiomimi!" Kuro smiles.

„Du machst das mit links, Idiomimi!“, lächelt Kuro.

xiǎo yì sī chéng yǔ mī mī hēi láng xiào zhe
「小意思，成語咪咪！」黑郎笑著。

"Take your time, Idiomimi!", says Bao.

„Mach nur langsam, Idiomimi!“, sagt Bao.

màn màn lái chéng yǔ mī mī bāo zi shuō
「慢慢來，成語咪咪！」，包子說。

"Yes, Rome wasn't built in a day, either," thinks Idiomimi and is pleased with her progress.

„Ja, Rom wurde auch nicht an einem Tag erbaut,“ denkt Idiomimi und freut sich über ihre Fortschritte.

shì de luó mǎ yě bù shì yī tiān jiàn chéng de chéng yǔ mī mī zhè yàng xiǎng zhe bìng duì zì jǐ de jìn bù gǎn dào gāo xìng
「是的，羅馬也不是一天建成的，」成語咪咪這樣想著，並對自己的進步感到高興。

Sunday / Sonntag / 星期天

***

New words and idioms / Neue Wörter und Idiome / 新詞彙和成語

xīn cí huì hé chéng yǔ

- Mandarin: the official language in Taiwan
- das Mandarin: die offizielle Sprache in Taiwan
- 中文：臺灣的官方語言。

zhōng wén　tái wān de guān fāng yǔ yán

- language course: a class where you learn a language
- der Sprachkurs: ein Kurs, in dem man eine Sprache lernt
- yǔ yán kè chéng xué xí yī mén yǔ yán de kè chéng
語言課程：學習一門語言的課程。
- hàn zì zhōng wén shū xiě de fú hào
漢字：中文書寫的符號。
- nǐ hǎo
你好: Hello! / Hallo!
- xiè xiè
謝謝: Thank you! / Danke!
- "Every beginning is hard.“: Starting something new is always difficult.
- „Aller Anfang ist schwer.“: Der Anfang ist schwierig.
- wàn shì qǐ tóu nán kāi shǐ xīn de shì wù shì kùn nán de
萬事起頭難：開始新的事物是困難的。
- "piece of cake": very easy to do
- „Du machst das mit links.“: Du schaffst das ohne Probleme.
- xiǎo yì sī hěn jiǎn dān
小意思：很簡單
- "Take your time.": Do it slowly.

- „Mach nur langsam!“: Lass dir Zeit!
- màn màn lái zuò shì yào màn yī diǎn
  慢慢來！：做事要慢一點！
- "Rome wasn't built in a day.": It takes time to achieve something.
- „Rom wurde nicht an einem Tag erbaut.“: Es braucht Zeit, etwas zu schaffen.
- luó mǎ yě bù shì yī tiān jiàn chéng de zuò shì xū yào shí jiān
  羅馬也不是一天建成的：做事需要時間，
  yào yī bù yī bù lái
  要一步一步來。

A NEW HOME AND NEW PLANS (MONDAY)

EIN NEUES ZUHAUSE UND NEUE PLÄNE (MONTAG)

xīn jiā hé xīn jì huà （xīng qí yī）

新家和新計劃（星期一）

Monday / Montag / 星期一

On Monday, all the cat friends meet in the park.

Am Montag treffen sich alle Katzenfreunde im Park.

zhōu yī suǒ yǒu māo péng yǒu zài gōng yuán jiàn miàn
週一，所有貓朋友在公園見面。

"These past few days were awesome!" says Idiomimi happily.

„Die letzten Tage waren der Hammer!“, sagt Idiomimi glücklich.

zhè jǐ tiān zhēn shì tài bàng le chéng yǔ mī mī kāi xīn de shuō
「這幾天真是太棒了！」成語咪咪開心地說。

"We're glad you're with us now," says Bao.

„Wir sind froh, dass du jetzt bei uns bist“, sagt Bao.

wǒ men hěn gāo xìng nǐ xiàn zài yǔ wǒ men zài yī qǐ bāo zi shuō
「我們很高興妳現在與我們在一起」，包子說。

"Let's make a plan for what we'll do next," suggests Ling.

„Lasst uns einen Plan machen, was wir als Nächstes unternehmen“, schlägt Ling vor.

ràng wǒ men jì huà yī xià jiē xià lái yào zuò shén me ba líng líng jiàn yì
「讓我們計劃一下接下來要做什麼吧」，玲玲建議。

"We could go to the Taroko National Park together or take a bike ride around Sun Moon Lake," Mei proposes.

„Wir könnten zusammen in den Taroko-

Nationalpark gehen oder eine Fahrradtour um den Sonne-Mond-See machen“, schlägt Mei vor.

wǒ men kě yǐ yī qǐ qù tài lǔ gé guó jiā gōng yuán huò zhě qí jiǎo tà chē huán rào rì yuè tán měi měi tí yì
「我們可以一起去太魯閣國家公園，或者騎腳踏車環繞日月潭」，美美提議。

"Let's do both," says Kuro.

„Lasst uns beides machen“, sagt Kuro.

wǒ men liǎng gè dōu qù rú hé hēi láng shuō
「我們兩個都去如何？」黑郎說。

"That's what I'm talking about!" Bao replies.

„Wir sind auf einer Wellenlänge!“ meint Bao.

zhèng zhōng xià huái bāo zi huí dá
「正中下懷！」包子回答。

"Great idea!" everyone agrees.

„Tolle Idee! Super!“ stimmen alle zu.

hǎo zhǔ yì dà jiā yī zhì tóng yì
「好主意！」大家一致同意。

Idiomimi is excited that she has so many friends and will have even more adventures.

Idiomimi freut sich, dass sie so viele Freunde hat und noch mehr Abenteuer erleben wird.

chéng yǔ mī mī wèi yǒng yǒu zhè me duō péng yǒu hé jí jiāng dào lái de mào
成語咪咪為擁有這麼多朋友和即將到來的冒
xiǎn gǎn dào xīng fèn
險感到興奮。

In the evening, Idiomimi sits at home on the balcony, looking at the city lights.

Am Abend sitzt Idiomimi zu Hause auf dem Balkon und blickt auf die Lichter der Stadt.

wǎn shàng chéng yǔ mī mī zuò zài jiā lǐ de yáng tái shàng tiào wàng chéng
晚上，成語咪咪坐在家裡的陽臺上，眺望城
shì de dēng guāng
市的燈光。

Her humans come to her and say, "We hope you feel at home here, Idiomimi.“

Ihre Menschen kommen zu ihr und sagen: „Wir hoffen, du fühlst dich hier wohl, Idiomimi.“

tā de rén lèi lái dào tā shēn biān shuō wǒ men xī wàng nǐ zài zhè
她的人類來到她身邊說：「我們希望妳在這
lǐ gǎn dào zì zài chéng yǔ mī mī
裡感到自在，成語咪咪。」

"Absolutely!" purrs Idiomimi contentedly. "Taiwan is my new home, and I have friends I can count on.“

„Und ob!“, schnurrt Idiomimi zufrieden. „Taiwan ist mein neues Zuhause, und ich habe wundervolle Freunde, mit denen ich Pferde stehlen kann.“

dāng rán chéng yǔ mī mī mǎn zú de hū lū zhe tái wān
「當然！」成語咪咪滿足地呼嚕著。「臺灣
shì wǒ de xīn jiā wǒ yǒu kě yǐ gān dǎn xiàng zhào de péng yǒu
是我的新家，我有可以肝膽相照的朋友。」

At that moment, Idiomimi sees a shooting star in the sky. She closes her eyes and wishes to have many more adventures in Taiwan.

In diesem Moment sieht Idiomimi eine Sternschnuppe am Himmel. Sie schließt die Augen und wünscht sich, noch viele Abenteuer in Taiwan zu erleben.

jiù zài zhè shí chéng yǔ mī mī kàn dào tiān kōng zhōng yǒu yī kē liú
就在這時，成語咪咪看到天空中有一顆流
xīng tā bì shàng yǎn jīng xǔ yuàn néng zài tái wān jīng lì gèng duō de
星。她閉上眼睛，許願能在臺灣經歷更多的
mào xiǎn
冒險。

"I'm so happy here," she thinks. "I can't wait to see what tomorrow brings!“

„Ich bin so glücklich hier“, denkt sie. „Ich kann es kaum erwarten zu sehen, was der morgige Tag bringt!“

Monday / Montag / 星期一

wǒ zài zhè lǐ zhēn shì tài xìng fú le tā xiǎng wǒ pò
「我在這裡真是太幸福了」，她想。「我迫
bù jí dài de xiǎng zhī dào míng tiān huì dài lái shé me
不及待地想知道明天會帶來什麼！」

***

New words and idioms / Neue Wörter und Idiome / 新詞彙和成語

xīn cí huì hé chéng yǔ

- Taroko National Park: a large park with beautiful nature in Eastern Taiwan
- der Taroko-Nationalpark: ein schöner großer Naturpark im Osten von Taiwan
- tài lǔ gé guó jiā gōng yuán yī gè yǒng yǒu měi lì zì rán fēng guāng de dà xíng gōng yuán
太魯閣國家公園：一個擁有美麗自然風光的大型公園。
- Sun Moon Lake: a large lake in Central Taiwan
- der Sonne-Mond-See: ein großer See in Zentraltaiwan
- rì yuè tán wèi yú zhōng tái wān de dà hú
日月潭：位於中台灣的大湖
- absolutely: definitely; for sure
- super: sehr gut
- hǎo zhǔ yì zhè gè jiàn yì hěn bàng
好主意！：這個建議很棒！
- shooting star: a light in the sky that moves quickly, looking like a falling star

- die Sternschnuppe: ein Licht am Himmel, das schnell vorbeifliegt und aussieht wie ein fallender Stern

- liú xīng zài tiān kōng zhōng xùn sù yí dòng kàn qǐ lái xiàng zhuì luò de xīng xīng de guāng
  流星：在天空中迅速移動、看起來像墜落的星星的光。

- "Awesome!": Very great!

- „Die letzten Tage waren der Hammer!“: Die letzten Tage waren toll!

- tài bàng fēi cháng hǎo
  太棒！：非常好

- "That's what I'm talking about!": That is a great idea!

- „Wir sind auf einer Wellenlänge!“: Wir verstehen uns!

- zhèng zhōng xià huái zhè zhèng shì wǒ xiǎng yào de
  正中下懷！：這正是我想要的。

- „Und ob!“: Ja, sehr!

- "Friends I can count on": Friends I can trust.

- „Freunde, mit denen ich Pferde stehlen kann“: sehr gute Freunde

Monday / Montag / 星期一

gān dǎn xiàng zhào de péng yǒu　kě yǐ xìn lài de péng yǒu
◉ 肝膽相照的朋友：可以信賴的朋友。

zài jiàn
◉ 再見: Goodbye! / Auf Wiedersehen!

再見！

***** THE END *****

ABOUT THE AUTHOR / ÜBER DEN AUTOR / 作者介紹

Manfred Sablotny comes from the intriguing border triangle of Germany, Belgium, and the Netherlands in the far west of Germany. In his adopted home of Taiwan, he researches and teaches German as a Foreign Language at Tunghai University. He loves music and languages as much as he loves cats, dogs and other animals.

Manfred Sablotny kommt aus dem faszinierenden Dreiländereck (Deutschland, Belgien, Niederlande) im äußersten Westen Deutschlands. In seiner zweiten Heimat Taiwan forscht und unterrichtet er im Bereich Deutsch als Fremdsprache an der Tunghai University. Er liebt Musik und Sprachen genauso wie auch Katzen, Hunde und andere Tiere.

Manfred Sablotny（夏慕帆）來自德國最西部的迷人邊境三角區（德、比、荷）。在他的第二故鄉台灣，他於東海大學研究和教授德語。他很喜歡音樂和語言，就像喜歡貓狗和其他動物一樣。